Jörg Zink

ICH KANN VERTRAUEN

Eschbacher LebensArt

Jörg Zink, geboren 1922, Dr. theol., lebt als freier
Schriftsteller in Stuttgart. Im Verlag am Eschbach
sind seit der Verlagsgründung 1980 zahlreiche
Titel von ihm erschienen, zuletzt:

Dem Herzen nahe. *Ein spirituelles Lesebuch* (Buch 244).
Du bist alles, was Licht ist. *Das Vaterunser gedeutet von Jörg Zink*
(Geschenkheft 519).
Du bist geborgen. *Worte aus den Psalmen* (Geschenkheft 266).
Gastliches Haus am Weg. *Zum Verstehen des Abendmahls und der
Eucharistie* (Buch 242).
Geburt im Schnee (Eschbacher KunstStück 740).
Leben, das den Tod durchbricht. *Ermutigungen* (Geschenkheft 549).
Sei gesegnet jeden Tag. *Gute Wünsche aus dem alten Irland*
(Geschenkheft 118).

Titelbild: Bildagentur Waldhäusl, A-Waidhofen/Ybbs.

Bibliographische Information der Deutschen Nationalbibliothek: Die Deutsche Nationalbibliothek verzeichnet
diese Publikation in der Deutschen Nationalbibliographie;
detaillierte Daten sind im Internet über http://dnb.d-nb.de
abrufbar.

ISBN 978-3-88671-898-6
© 2009 Verlag am Eschbach der Schwabenverlag AG
Im Alten Rathaus/Hauptstr. 37
D-79427 Eschbach/Markgräflerland
Alle Rechte vorbehalten.

www.verlag-am-eschbach.de

Gestaltung: Finken & Bumiller, Stuttgart
Herstellung: Freiburger Graphische Betriebe, fgb

INHALT

EINFÜHRENDE GEDANKEN

Wenn im Lauf meines langen Weges ein um sein Leben oder seinen Glauben bemühter Mensch, alt oder jung, Mann oder Frau, mir klagte, es sei doch mit beidem so schwierig, dann schrieb ich ihm gelegentlich ein paar Gedanken auf, die so einfach waren wie ein Märchen, das man Kindern erzählt, und doch wahr.

So erzählte ich einmal eine Geschichte über einen Baum, der, als wäre er ein Mensch, über sein Schicksal nachdachte und dem es am Ende gelang, mit dem was ihm widerfahren war, einverstanden zu sein.

Oder ein paar Überlegungen über die Gelassenheit, die uns so leicht verlorengeht und die doch so viel heilen und gut machen kann, was uns an unserer Seele krank machen will. Oder darüber, wie auch ein mühsames Leben schön werden und gelingen könne, wenn es sich dem Segen Gottes gegenüber auftue.

Vielleicht, wenn Sie ihnen zuhören, gelingt es Ihnen ein wenig leichter, zu Ihrem Leben und Geschick ein Ja zu finden. Oder eine ruhige Hand zu gewinnen für Ihren Umgang mit den Menschen in Ihrer Nähe oder mit Ihnen selbst. Oder ein wenig deutlicher zu sehen, wie der Segen Gottes auch Ihrem Weg seinen Sinn und seine Schönheit mitgegeben hat, wie die Liebe Gottes auch Ihnen nahe ist. Denn das wünsche ich Ihnen: Dass Sie etwas berührt von dem leisen Glück des Vertrauens.

Jörg Zink

ICH BIN EIN BAUM

ICH BIN EIN BAUM

Ich denke mir, ich sei ein Baum. Ein Baum, der über sich selbst nachdenkt. Über den Platz, an dem er steht, über alles, was sich um ihn herum abspielt. Ein nachdenklicher Baum. Vielleicht eine Buche. Ja, eine Rotbuche könnte ich mir vorstellen. Oder einen Ahorn. Die Psalmendichter der Bibel haben es sich mehr als einmal so vorgestellt, und ich mache ihr Spiel mit. Ich denke mir also, ich sei ein Baum.

Ich habe meinen Platz an einem Bach, behauptet die Bibel. Ich habe zu trinken. Ich bin verwurzelt. So leicht wirft mich nichts um. Ich bin umflutet vom Wind des Tages und von den Winden der Nacht. Von Regen und Sonnenschein. Ich bin in meinen besten Jahren. Der Duft meiner Blüten, den ich einatme, sagt mir: Ich kann mit mir einverstanden sein. Ich kann die Person, die ich bin, vielleicht sogar ein wenig lieben. Ich denke zurück. Es ist lange her, dass ich mich zum ersten Mal umgesehen habe. Ich war kaum höher als das Gras. Aber ich hatte Glück, dass ich nicht mit dem Gras abgemäht wurde und die Rehe mich nicht fraßen. Ein junger Baum lebt ja gefährlich. Irgendwer hat mich gesehen und hat bei mir nicht weitergemäht. So konnte ich aufwachsen, ganz schmal und immer höher.

Ich nahm den Platz wahr, an dem ich stand. Es war kein besonderer. Auch andere Bäume waren noch um mich her. Einige hatten sicher die schönere Aussicht als ich. Aber ich war einigermaßen zufrieden. Der Bach war auch nicht direkt an meinen Wurzeln. Der Psalm übertreibt ein wenig. Am Wasser gepflanzt war ich eigentlich nicht. Schon als junges Bäumchen hatte ich manchmal das Gefühl, die Welt könnte mir eigentlich mit mehr Freundlichkeit begegnen. Manchmal kam ich mir schon ein wenig allein und verlassen vor. Aber dann habe ich mir gesagt: Du musst eben selbst stehen, auch wenn dir die Liebe der anderen ein wenig fehlt.

Dann habe ich mir überlegt: was bin ich eigentlich für ein Baum? Die Tannen sehen anders aus. Sie sind auch im Winter grün. Ich verliere im Herbst immer die Blätter. Die Tannen sind sicher mehr wert als ich. Und die Apfelbäume drüben hängen im Herbst voll mit reifen Äpfeln. Zu denen kommen die Menschen und füllen ihre Körbe. Und aus dem Holunder auf der anderen Seite machen die Menschen Schnaps. Zu mir kommt niemand und aus mir macht niemand etwas. Wer bin ich eigentlich?

Der Förster neulich sagte: da, die Buche, die lassen wir stehen. Ich bin also eine Buche. Aber von den Kindern hörte ich: Das ist ein kleiner Ahorn! Bin ich nun eine Buche oder ein Ahorn? Man sollte, wenn man noch klein ist, jemand haben, der einem sagt, wer man eigentlich ist. Woher soll man das wissen?

Gut, ich bin also eine Buche. Jetzt muss ich eben sehen, dass ich etwas aus mir mache. Hoffentlich hilft mir jemand dabei. Einfach nur älter werden ist vielleicht doch zu wenig. Es muss sich schon lohnen, dass es mich gibt. So habe ich mich, mit Mühe, mit mir selbst abgefunden. Ich habe mir gesagt: Es hat doch keinen Sinn, immer neben sich selber zu stehen und zu fragen, warum man nicht etwas anderes sei als man ist. Man muss ja schon in sich selbst ruhen und sein, was man eben ist.

Ich denke mir also, ich sei ein Baum. Eine Buche in den besten Jahren. An einem ordentlichen, freien Platz. Und ich denke zurück in meine bisherigen Jahre. Dass ich an einem Bach stünde, das ist übertrieben, aber das Grundwasser an meinem Platz hat mich selten im Stich gelassen. Es gab auch trockene Sommer, in denen ich mich ziemlich verlassen fühlte. Es gab auch viel Ungeziefer, das an mir herumnagte und immer wieder einen meiner kleinen Triebe ausfraß. Aber im Ganzen gesehen ging es mir in meinen jungen Jahren doch recht ordentlich.

Nun bin ich schon so groß, dass ich einen richtigen Schatten auf die Wiese werfe. Ich stehe jetzt ungefähr zwanzig Jahre hier und ich kenne alles, was neben mir steht. Wenn ich in mich selbst hineinschaue, dann merke ich, dass mein

Stamm jedes Jahr um einen Ring dicker wird. Wenn es viel regnet, ist der Ring breit. In einem Jahr mit viel Sonne ist er schmäler. In den letzten Jahren haben sich im Frühling Blüten an meinen Ästen gebildet. Ich habe den Blütenstaub aufgefangen, der vom Wald her durch die Luft trieb. Mit Zittern und Hoffen habe ich festgestellt: Ich kann lieben. Und es gibt andere, die mich besuchen. Sie müssten mich eigentlich lieben.

Im Lauf des Sommers habe ich gesehen, dass sich aus den Blüten kleine, feste Früchte gebildet haben, dreieckige kleine Nüsse in starken Hüllen. Und im Herbst turnten dann die Eichhörnchen in meinen Ästen und fraßen sie mit Behagen. Ich kann also nicht nur lieben, ich kann auch Futter sein für andere. Ich kann Gäste empfangen und Gastgeber sein. Ich kann einer sein, von dem andere leben, zum Beispiel der Hamster, der unter meinen Wurzeln wohnt.

Neulich kam eine Schulklasse vorbei. Der Lehrer blieb stehen und erzählte seinen Kindern, aus meinen Blättern komme der Sauerstoff, den die Menschenkinder brauchen, um zu atmen. Meine Blätter verbrauchten den Stickstoff, den die Kinder ausatmen. Und es sei wichtig, dass es viele Bäume gebe mit vielen Blättern, sonst könnte kein Mensch leben. Ich fand das toll. Ich lebe also nicht nur allein um mich her, sondern es ist wichtig, dass es mich gibt. Auch wenn man aus mir weder Apfelmus noch Holunderschnaps machen kann. Ich fand, dass ich selbst mit mir doch etwas Rechtes anfangen kann.

Besonders schön ist es in der Nacht. Da ist es ganz still. Der Wind erzählt mir, wo er herkommt. Die Sterne sind ganz nah. Es ist gut, finde ich, wenn sich einer nicht nur um sich selbst kümmert, sondern sich dehnt und streckt nach allen Seiten und mit allem, das um ihn ist, im Gespräch lebt. Da ist dann alles eins, der Weltraum und der Wald und meine eigenen Zweige. Ich kann tief durchatmen und höre, wie aus allem etwas zu mir spricht wie eine Stimme. Die alte Linde nebenan hat einmal gesagt, es sei die Stimme Gottes. Vielleicht hat sie recht.

Ich denke weiter: Dreißig Jahre stehe ich nun hier und bin schon recht stattlich. Meine Rinde zeigt bereits feine Risse, die anzeigen, dass mein Stamm stärker wird. Mein Blätterdach ist schon breit. Gestern Abend, als es dunkel wurde, kam ein junges Mädchen vorbei mit einem jungen Mann. Weil es von hier aus einen schönen Blick ins Land gibt, blieben die beiden unter mir stehen. Sie waren sicher zehn Jahre jünger als ich. Sie redeten viel und drückten sich immer wieder aneinander. Es war ein richtig schönes Bild. Wäre ich nicht hier, dann wären sie hier nicht stehen geblieben. Zuletzt zog der junge Mann ein Taschenmesser heraus und schnitt in meine Rinde ein Herz und zwei Buchstaben. Das tat ein bisschen weh, aber es war doch schön. Es wird lange dauern, bis die Buchstaben und das Herz verwachsen sind und man sie nicht mehr lesen kann.

Vor ein paar Wochen haben zwei Finken angefangen – vielleicht waren es auch Gartenrotschwänze –, ein Nest zwischen zwei Äste zu bauen. Sie waren sehr fleißig und machten ihre Sache gut. Zwischendurch saßen sie da und machten schöne Musik. Jetzt ist das Nest voll mit kleinen Finken, und die Eltern arbeiten sich fast zu Tode, um sie zu füttern. Wenn es stürmt und das Nest fast weggerissen wird, dann ist es gut, dass mein Blätterdach so breit ist. Der Wind, der an dem Nest reißt, ist dann nicht so stark. Es ist doch schön, dass es mich gibt. Ein Haus bin ich. Ein Haus für Vögel.

Manchmal denke ich auch, ich hätte irgendwelche Vögel im Kopf. Ich bilde mir ein, dass hundert Nester in meinen Zweigen sind, und genieße, was meiner Phantasie durch den Kopf geht. Dabei wird mir klar, dass unser Leben überhaupt erst sinnvoll wird dadurch, dass man Gastgeber für viele andere Wesen wird. Natürlich gibt es Bäume, die sich zum Gastgeber besser eignen als ich. Die Kirschbäume haben den Amseln immerhin Kirschen anzubieten. Aber vielleicht ist es auch wichtig, dass es Bäume gibt, die einfach nur ihre Zweige anbieten, so dass die Singvögel einen Platz finden, auf dem sie sitzen und singen können. Dass wir füreinander da sind, das ist wichtig, wenn wir selbst glücklich werden wollen. Manchmal habe ich das Gefühl, dass, wenn viel in meinen Ästen gesungen wird, meine Blätter noch grüner werden als sonst.

Und wenn an einem schönen Sommerabend wieder die Amsel dasitzt und ihre freien Phantasien singt, dann merke ich mir jeden Ton und bewahre ihn in den Ringen meines Stammes und in meinen Ästen. So habe ich, wenn es Winter wird und die Vögel stumm geworden sind oder fortgeflogen, viele Töne für meine Träume.

Im Winter erlebe ich mich mehr von innen. Ich habe keine Blätter mehr. Meine Äste starren kahl in die Gegend. Dann denke ich mehr mit meinen Wurzeln.

Was tun die eigentlich? Viel mehr, als manche Menschen meinen!

Die Wurzeln sorgen dafür, dass der Boden hier nicht austrocknet oder versumpft. Und wenn im Frühjahr, in der Schneeschmelze, überall die kleinen Rinnsale über die Äcker herunter rinnen, sorgen sie dafür, dass die Erde nicht weggeschwemmt wird. Sie halten die Erde zusammen. Nicht nur die Wurzeln dicht an meinem Stamm, die aus der Erde herausschauen, sondern auch die, die tief herunterreichen. Wenn ein Gewitterregen niedergeht, sagen sie zu den Erdkrumen: Hierbleiben, nicht davonschwimmen!

Zum Dank gibt ihnen die Erde das Wasser, gibt ihnen die Mineralien, die ich brauche, und mit ihnen viel lebendiges, kleines, kaum sichtbares Getier, ohne das ich nicht so lebendig wäre, wie ich bin. Wenn einer dreißig oder mehr Jahre alt ist, ist er verantwortlich dafür, dass das Leben gelingt, für ihn selbst und für andere. Dass die beieinander bleiben, die füreinander da sind. Und, dass nicht jeder nur nach seinem eigenen Wohlergehen fragt.

Ja, es ist gut, dass es mich gibt. Ich teile also meine Kraft. Ein Teil davon steht frei auf der Erde und wächst dem Himmel zu. Der andere Teil gilt der Erde, die ich zusammenhalte. Und der Himmel und die Erde miteinander sorgen dafür, dass meine Kräfte ausreichen für das, was ich tue und was mir aufgetragen ist.

Ich denke weiter, ich sei ein Baum. Ein Baum, der inzwischen alt ist. Allmählich bin ich ein mächtiger Baum, so groß, wie eben eine Buche werden kann, mit einer schönen, ausladenden Krone und einem dicken Stamm. Früher stand einmal eine Bank an meinem Stamm. Die ist längst verwittert. Nur noch zwei mürbe Pfosten schauen aus der Erde hervor.

Es ist bis jetzt jedes Jahr Herbst geworden. Ich weiß also, was ein Herbst ist. Da fallen die Blätter ab. Das hat mich am Anfang sehr gestört. Nach einigen Jahren habe ich gemerkt, dass es auch schön ist, das, was sich nach außen streckt, abzuwerfen und einen Winter lang vor sich hin zu träumen. Dann habe ich zu meinen Blättern gesagt: Auf Wiedersehen! Ich freue mich, bis ihr wiederkommt. Denn eines Tages kommt ihr alle aus der Erde wieder herauf, in die ihr gefallen seid.

Aber wenn es jetzt, da ich alt bin, Herbst wird, fällt mir immer wieder ein, dass ich irgendwann nicht nur meine Blätter abwerfen werde, sondern als ganzer Baum mürbe werde, starr und brüchig.

Ich frage nun: Was muss ich loslassen? Und lasse dann einen Ast nach dem anderen fallen. Ich werde nicht schöner dabei, aber man sieht immer noch, wie groß und schön ich einmal gewesen bin. Wenn dann wieder einmal ein Ast mit großem Krachen auf der Erde aufschlägt, denke ich, es werde wohl einmal eine Zeit geben, in der es mich nicht mehr gibt. Einer der Dichter unter den Menschen hat einmal geschrieben:

Die Blätter fallen, fallen wie von weit,
als welkten in den Himmeln ferne Gärten,
sie fallen mit verneinender Gebärde.

Und in den Nächten fällt die schwere Erde
aus allen Sternen in die Einsamkeit.

Wir alle fallen. Diese Hand da fällt.
Und sieh dir andre an: es ist in allen.

Und doch ist Einer, welcher dieses Fallen
unendlich sanft in seinen Händen hält.

Rainer Maria Rilke

Es könnte ja auch etwas Schönes darin liegen, wenn meine Äste abbrechen. Sie werden zu guter Erde. Ich verliere mich nicht selbst, wenn ich loslasse. Ich werde nur anders. Auch was ich losgelassen habe, kann neu leben und ein Segen sein. Ich segne also euch, ihr Bäume, die ihr in hundert Jahren hier stehen und von der Erde leben werdet, zu der ich geworden bin. Ich streue, auch wenn ich alt werde, immer noch meine Bucheckern um meinen Stamm her auf die Erde, und die Eichhörnchen, die Ururenkel derer, die sich hier ernährt haben, als ich jung war, fressen sie mit Behagen auf.

Ich habe für ein langes Leben zu danken. Andere junge Buchen in meiner Nähe sind längst nicht mehr am Leben. Ich habe gute sechzig Jahre dazu geschenkt bekommen. Danke, lieber Gott, dass ich so lange habe leben dürfen. Wenn du jetzt oder in zehn Jahren sagst: Jetzt ist Schluss, dann will ich immer noch danken. Und mein Leben dankbar und in Frieden abschließen.

Ich denke weiter, als wäre ich ein Baum. Der sagt: Es wird ernst. Dieser Tage kam ein Zimmermann vorbei und schaute mich an. Er stand da und schätzte meine Höhe mit den Augen. Und den Umfang meines Stammes. Was wollte er? Es ist klar, er wollte mich fällen lassen. Ganz unten wollte er mich absägen, so dass von mir nur ein niedriger Stumpf übrigbleibt. Ich habe gezittert wie Espenlaub, als ich das sah. Mich erfasste Panik.

Wenn ich abgesägt sein werde, dann wird man mich in Teile schneiden, auf einen Tieflader packen und in eine Sägerei fahren. Eine brutale Vorstellung. Soll nun alles vorbei sein? Die kleinen Äste schneiden sie klein, und irgendwer verbrennt sie in seinem Ofen oder bei einem Grillfest im Garten. Die großen Äste werden kurz zusammengesägt. Und den Stamm wird man in Bretter und Dielen schneiden. Sodann werde ich aufgeschichtet in einem Holzlager liegen, wo viele andere Bäume auch sind, und austrocknen. Und dann werde ich, wenn auch unter großen Anstrengungen, weiterdenken. Ich werde an die hundert Jahre denken, die ich an meinem Platz auf der Wiese gestanden habe, wo jetzt alles leer ist und nichts mehr an mich erinnert als ein Stumpf, der da aus der Erde schaut wie ein Grabstein.

Meine Jahre waren schön. Sie waren manchmal sehr mühsam. Manchmal sehr gefährlich. Aber alles in allem waren sie gut. Auch die Winter, auch der Reif an meinen Ästen, wenn es sehr kalt war. Bin das nun noch ich, was da auf dem Stapel liegt? Bin ich noch die Bretter, zwischen denen kurze Latten liegen, damit sie besser trocknen? Ich muss ja denken, dass ich das noch bin, dieses trocknende Holz. Trockenwerden ist auch schön. Aber ich muss aufpassen, dass nichts Falsches passiert. Ich darf ja beim Austrocknen keine Risse bekommen, sonst ist mein Holz nichts mehr wert. Dann kann man es nicht brauchen. Ich darf mich also nicht selbst zerreißen und sagen: Das will ich nicht. Nein, ich muss auch dazu Ja sagen, damit alles schön beieinander bleibt.

Dann können Jahre vergehen, in denen mit mir nichts geschieht, als dass ich daliege und austrockne. Vielleicht bin ich dann wieder zu etwas brauchbar. Wir werden sehen.

Unser Baum erzählt weiter: Seit man mich abgesägt hat, liege ich schon zehn Jahre hier und langweile mich. Es ist in der ganzen Zeit nichts geschehen, von dem man erzählen könnte. Aber heute Morgen wurde ich plötzlich aufgeladen – oder genauer: nur drei oder vier von meinen Brettern – und fortgeschafft in eine Werkstatt. Dort sagte einer: Ideal ist das Holz ja nicht. Eigentlich müsste ich etwas anderes haben, aber vielleicht lässt sich auch aus dem etwas machen. Es ist wenigstens schön trocken und hat keine Fehler und keine Risse. Und er spannte mich in eine Maschine ein und schnitt ein rundes Stück aus mir. Er machte ein tiefes Loch in mich hinein, ganz durch, und viele kleine Löcher. Und am Ende nahm er mich an den Mund und sagte: Ach, das klingt schon ganz gut. Und ich sah, dass an der Wand herum viele Flöten hingen, fertige und halbfertige. Und als er mit mir fertig war, da staunte ich, wie schön ich war. Ich bin keine Flöte für einen Künstler. die macht man nicht aus Buchenholz. Aber für ein Kind reicht mein Holz aus.

Schließlich kaufte mich einer und spielte auf mir. Wenn ich zurückdenke, dann fallen mir alle die Lieder ein, die die Vögel auf meinen Ästen gesungen haben und die ich in den Ringen in meinem Stamm aufbewahrt habe wie in einem guten Gedächtnis. Die Lieder kamen alle wieder heraus und es entstand eine wunderschöne Musik.

Ich merkte, dass es kein Flötenbauer war, der mich in ein Instrument verwandelt hatte, sondern Gott selbst. Er hatte mich wachsen und groß werden lassen. Er hatte mich gefällt. Nun hat er etwas ganz Neues aus mir geschaffen. Ich darf nun Musik sein in seinen Händen und mit den anderen zusammen zu seiner Ehre leben und musizieren. Ich brauche nicht an all das denken, was an mir krumm war und unbrauchbar. Ich darf das sein, an das Gott gedacht hat, als er mich in der Erde entstehen ließ. Wenn ich eine kleine Flöte sehe und an das viele Holz denke, das ich einmal war, dann scheint mir das wenig. Aber so viel musste wohl an mir abgeschliffen werden, damit das entstehen konnte, was etwas wert war. Nun bin ich glücklich. Ja, ganz einfach glücklich und dankbar.

Aber damit ist nicht alles gesagt. Mein Holz ist nicht nur im Himmel brauchbar, sondern auch auf der Erde. Ein paar andere von meinen Brettern kaufte sich ein Schreiner. Als er mich zurechtgesägt und gehobelt und geschliffen und verleimt hatte, merkte ich, dass er einen Tisch aus mir gemacht hatte.

Einen schönen, nicht so einen langweiligen aus Spanplatten, sondern aus festem Holz.

Jetzt stehe ich, schön gebeizt und mattiert in einem größeren Raum, wo Gäste ein- und ausgehen. Sie sitzen an mir und trinken und essen. Sie kommen, die einen müde und abgekämpft, die anderen fröhlich und laut. Alle fühlen sich an dem Tisch wohl. Sie können sich eine Stunde lang freuen und können ruhen. Manchmal findet dann ein Fest statt, bei dem sie glücklich sind. Ihre Freude wird zu einem kleinen Teil ein Ertrag sein von den hundert Jahren, die ich im Wind und im Wetter gestanden habe.

Mir fallen viele kleine Geschichten ein aus meinem langen Leben oben an meinem Platz. Alle die, die sich in meinem Schatten geliebt haben. Alle, die unter mir Schutz gesucht haben vor einem Regen. Alle die, die da saßen und heulten von Jammer und Elend und die ich getröstet habe mit dem Lied, das meine Blätter gesungen haben. Und ich freue mich, dass ich wieder ein Gastgeber sein darf und für sie alle da sein. Sie haben noch lange etwas davon, dass ich einmal gelebt habe. Sie haben etwas von all den Gedanken, die mir in hundert Jahren durch meine Krone gegangen sind, und von allem, was ich getan habe für die gute Luft und für die feste Erde und für die Vögel und für die Eichhörnchen.

Natürlich, das geht nicht ewig. Eines Tages wird sicher jemand kommen und sagen: Der Tisch sieht nichts mehr gleich. Er hat einen Riss in der Platte und das vordere Bein lässt sich auch nicht mehr festmachen. Wir wollen ihn ersetzen. Und danach wird man mich vergessen, und es wird sein, als wäre ich nie gewesen.

Aber die Flöte wird leben und musizieren. Sie wird nur ein kleines Stück von mir sein, und viel, was nicht brauchbar war, wird vergangen und vergessen sein. Aber dieses kleine Stück von mir, das der Herr des Waldes und der ganzen Erde so schön gemacht hat, wird leben und in seinem Glück musizieren. Ist damit nicht alles gut?

Was ich dir wünsche?
Nicht, dass du der schönste Baum bist,
der auf dieser Erde steht.
Nicht, dass du jahraus, jahrein
leuchtest von Blüten an jedem Zweig.
Aber dass dann und wann

an irgendeinem Ast eine Blüte aufbricht,
dass dann und wann etwas Schönes gelingt,
irgendwann ein Wort der Liebe dein Herz findet,
das wünsche ich dir.

Ich wünsche dir, dass du dem Himmel nahe bist
und mit der Erde kräftig verbunden,
dass deine Wurzeln Wasser finden
und deine Zweige im Licht sind.

Dass du Halt findest an einem festen Stamm
und die Kraft hast, Stamm zu sein
für die, die du tragen sollst.

Dass du mit allem, was krumm ist an dir,
an einem guten Platz leben darfst
und im Licht des Himmels.

Dass auch, was nicht gedeihen konnte, gelten darf
und das Knorrige und das Unfertige
an dir und deinem Werk
in der Gnade Gottes Schutz finden.

NIMM'S GELASSEN

NIMM'S GELASSEN

Du erinnerst dich:
als wir neulich zusammensaßen,
sprachen wir von der »Gelassenheit«.
Wir meinten, es müsse sich doch lohnen,
etwas wie inneren Frieden,
etwas wie Ausgewogenheit zu erreichen,
und fanden beide auch,
wir hätten bis dahin noch einen weiten Weg.

Wir dachten an die kundigen alten Frauen
und an die alten, weise gewordenen Männer,
von denen die Märchen erzählen,
aber auch an die unter uns heute Lebenden,
die uns zeigen können,
wie ein zur Ruhe gekommenes menschliches
Dasein aussieht –
als unscheinbare Zeitgenossen oder als
öffentlich Wirkende,
als Mitte ihrer Familie oder als Berater von Menschen.

Wir dachten an festen Stand, an innere Freiheit.
An ruhige Offenheit
gegenüber jedem anderen Menschen.
An einen weiten Raum des Herzens,
in dem viel gelten darf und viel geliebt wird.
Gelassenheit –
lass uns eine Weile daran weiterdenken.

Wozu ist Gelassenheit gut? Die Bibel sagt es mit einem Wort aus dem Buch der Sprüche Salomos: »Ein gelassenes Herz ist Lebenskraft für den Leib« (Spr 14,30). Wenn sie »Leib« sagt, meint sie den ganzen Menschen. Sie meint: Ein gelassenes Herz macht den Geist kräftig und leistungsfähig, gibt der Seele Kraft zu tragen, was sie zu tragen hat. Und nicht zuletzt: Auch der Leib bleibt gesünder, bleibt länger schön und lebendig, wo das Herz »gelassen« ist.

Jesus deutet es an, wenn er sich eine Weile mit einem an Leib oder Seele kranken Menschen beschäftigt hat. Da sagt er, wenn er ihn wieder auf den Weg schickt: »Geh in Frieden!« Geh und mach dir keine Sorgen. Geh und lass dich nicht von deinem Weg abbringen. Geh und vertraue darauf, dass du geführt bist. So, im Frieden, seinen Weg gehen – das würde sich lohnen. Das müsste man erreichen.

Ich will ein wenig einschränken. Ungestörte Gelassenheit kann wohl eher ein Ziel sein für uns Ältere als für die Jungen. Ein junger Mensch muss sich stören lassen, er muss sich empören können, streiten, kämpfen, wenn er die Welt so übernehmen soll, wie die Alten sie ihm hinterlassen. Er muss sich herausfordern lassen durch das Unrecht oder den Unsinn und muss seine Kräfte einsetzen für das Bessere, das ihm vorschwebt. Gelassenheit kann seine Sache nicht sein.

Aber wer das Seine getan hat, wer lange genug sich bemüht hat zu verändern und zu bessern, was er antraf, wer sich lange genug empören ließ und aufschrie, der hat am Ende das Recht, in die Gelassenheit zu gehen. Der darf am Ende einverstanden sein mit dem, was ihm das Leben gebracht und was er selbst in sein Leben eingebracht hat. Er darf ein Ja finden auch zu sich selbst und zu seinem Zustand, in dem er sich am Ende aus der Hand geben wird. Ich weiß, das ist eine befremdliche Behauptung, gerade unter Christen. Aber ich weiß durchaus, was ich damit sage.

Du sagst:
Das geht doch nicht.
Ich komme mir manchmal vor,
als stünde in mir alles auf dem Kopf.

Eigentlich möchte ich
vor mir selbst Respekt haben.
Wie ein klarer aufrechter Turm
über der Landschaft stehen.
Zeigen: Schaut her!
Hier ist jemand.
Und er ist schön.

In Wahrheit ist nichts klar,
alles ist verschwommen.
Nichts steht, alles schwimmt.
Ohne klare Linien.
Wie soll ich mich damit
abfinden?

Mich hat durch lange Zeiten meines Lebens hin immer wieder ein Wort getröstet, das Johannes Tauler, der Mönch und Mystiker am Oberrhein (um 1300–1361), vor mehr als fünfhundert Jahren geschrieben hat:

Von der rechten Gelassenheit

Das Pferd macht den Mist im Stall,
und obgleich der Mist einen Unflat
und Stank an sich hat,
so zieht dasselbe Pferd doch den Mist
mit großer Mühe auf das Feld,
und daraus wächst sodann schöner Weizen
und der edle, süße Wein,
der niemals wüchse, wäre der Mist nicht da.
Also trage deinen Mist –
das sind deine Gebrechen,
die du nicht abtun, ablegen
noch überwinden kannst –
mit Mühe und mit Fleiß
auf den Acker des liebreichen Willens Gottes
in rechter Gelassenheit deiner selbst.
Es wächst ohne allen Zweifel
in einer demütigen Gelassenheit
köstliche, wohlschmeckende Frucht daraus.

Johannes Tauler

Das Wort »Gelassenheit« sagt ja, man solle etwas lassen. Man solle von etwas ablassen. Etwas hinter sich lassen. Oder man solle etwas unterlassen, das man auch tun könnte. Man könne sich selbst verlassen und sei dabei nicht verlassen. Oder: Es gebe etwas Verlässliches, auf das man sich verlassen könne.

Wenn ich zum Beispiel von einer Weisheit weiß, die in meinem Schicksal am Werk ist, dann kann ich von mir selbst weggehen, wie einer sein Haus verlässt. Und wenn ich mich selbst verlassen habe, dann stehe ich immer noch auf einem verlässlichen Grund. Auf diesem festen Boden finde ich die Gelassenheit, von der die Weisen rund um die Welt immer geredet haben. Sie meinten eine Art freundlicher Unabhängigkeit und Bescheidenheit. Vielleicht kann das Pferd in mir, das seinen Mist auf den Acker hinauszieht, durchaus einen freundlichen, möglicherweise gar fröhlichen Zug ins Gesicht bekommen.

Ich soll also loslassen, was die Menschen über mich reden. Sie kennen mich noch weniger, als ich mich kenne. Aber auch meine Urteile über sie, die mir so schnell einfallen. Liegenlassen soll ich, was ich nicht billigen kann. Daran vorbeigehen. Freundlich. Es muss nicht alles auf meiner Waage gewogen werden.

Noch ein Wortspiel: Man sagt uns Alten, wir sollen uns fügen. In eine Hausordnung, in unser Schicksal, das uns ins Abseits geführt hat, in den Willen anderer Menschen. In dem Wort »fügen« stecken Wörter wie Fug oder Unfug, Ungefügtheit, Verfügung, die Befugnis oder füglich. Es steckt darin etwas wie eine Fuge, die ein Tischler fräst, um zwei Platten zusammenzufügen, oder auch eine Fuge von Johann Sebastian Bach.

Wir sollen uns fügen, sagt man. Wenn ich mich selbst anschaue, dann empfinde ich, irgend etwas in mir sei nicht recht gefügt. Es stimme das eine nicht recht zum anderen in mir. Was ich sage, passt nicht zu dem, was man mir anmerkt. Was ich bin, stimmt nicht zu dem, was ich meine zu sein. Ich bin ungefügt.

Wenn ich mich nun füge, etwa in den Willen Gottes oder in mein Schicksal, dann erlebe ich, wie sich in mir etwas »fügt«. Wie die inneren Verspannungen nachlassen und etwas entstehen kann wie Gelassenheit.

Der Psalm 131 schildert einen gelassenen Menschen:

Mein Herz, o Gott, will nicht Ansehen,
nicht Macht.
Ich schaue nicht nach Ruhm aus
und nicht nach Reichtum.

Ich gehe nicht mit großen Plänen um
und nicht mit Träumen über große Dinge.
Sie sind zu wunderbar für meinen Geist.
Ich taste dein Geheimnis nicht an.

Mein Herz ist still,
und Frieden ist in meiner Seele.
Wie ein gestilltes Kind bin ich,
das bei seiner Mutter schläft.
Wie ein gesättigtes Kind,
so ist meine Seele still in mir.
Ich vertraue allein dir,
heute und in Zukunft.

Dag Hammarskjöld, der große politische Geist der Fünfzigerjahre, der als Generalsekretär der Vereinten Nationen bei einem noch immer unaufgeklärten Flugzeugabsturz über dem Kongo ums Leben kam, notierte an Pfingsten 1961 in seinem Tagebuch:

»Ich weiß nicht, wer – oder was – die Frage stellte. Ich weiß nicht, wann sie gestellt wurde. Ich weiß nicht, wann ich antwortete. Aber einmal antwortete ich ja zu jemandem – oder zu etwas.

Von dieser Stunde her rührt die Gewissheit, dass das Dasein sinnvoll ist und dass darum mein Leben, in Unterwerfung, ein Ziel hat. Seit dieser Stunde habe ich gewusst, was das heißt, ›nicht hinter sich zu schauen‹, nicht ›für den anderen Tag zu sorgen‹.

Ich bin durch das Labyrinth des Lebens geleitet worden durch den Ariadnefaden der Antwort. So habe ich eine Zeit und einen Ort erreicht, an dem ich wusste, dass mein Weg zu einem Triumph führt, und zu einem Untergang, der Triumph ist. Dass der Preis für den Einsatz des Lebens Schmähung und dass die tiefste Erniedrigung jene Erlösung bedeutet, die dem Menschen zugesagt ist. Seitdem hat das Wort ›Mut‹ seinen Sinn verloren, da mir ja nichts genommen werden kann.«

Søren Kierkegaard, der dänische Theologe und Philosoph (1813–1855), hat vor etwa zweihundert Jahren gesagt:

»Wir begreifen es im Gewimmel der Menschen so schwer. Wenn wir es erkannt haben, vergessen wir es so leicht: Was es heißt, Mensch zu sein und zu tun, was Gott von uns erwartet. Möchten wir es doch von Lilie und Vogel lernen, und, wenn wir es vergessen haben, wieder lernen. Vielleicht nicht auf einmal und vollständig, so doch etwas davon und nach und nach. Denn das wäre von Vogel und Lilie zu lernen: Still sein. Einwilligen. Sich freuen.«

Ich soll mich nicht so wichtig nehmen, höre ich von Jesus. Er meint offenbar, wer sich selbst aus der Mitte seines Interesses herausnimmt, der gewinne jenen Überfluss an Kraft, den wir die Liebe nennen. So hat auch der islamische Mystiker al Halladsch (858–922) gesagt: »Dieses mein Ich stellt sich zwischen dich und mich, / nimm, o Gott, in deiner Güte dieses Ich aus unserer Mitte.« Das gilt auch, wenn wir es auf die Menschen beziehen: Dieses mein Ich stellt sich zwischen die Menschen und mich. Nimm, o Gott, dieses Ich aus der Mitte zwischen ihnen und mir.

Wenn das gelingt, dann ist mein Leben gelungen und kann im Frieden zu Ende gelebt werden.

Du sagst:
Das wäre schön,
wenn es gelänge.
Aber wenn ich mich anschaue,
dann sehe ich:

Es geht nicht.
Ich komme mir manchmal vor
wie zwischen Mauern.
Kein freier Blick.
Keine Aussicht,
kein Weg ins Freie.
Kein Weiterkommen.
Und wenn ich
an eine Tür komme,
dann ist sie verschlossen.
Es bleibt alles,
wie es immer war.
Nichts ändert sich,
soviel ich mich
auch bemühe.
Soll ich mich damit abfinden?

Die Bibel sagt: Nein. Nichts muss bleiben. Mach einen Anfang. Zum Beispiel den einfachen Versuch: Gib deinen Augen eine andere Richtung. Verlege, was du über deinen gegenwärtigen Zustand denkst, hinüber in den Zustand, der eigentlich mit dir gemeint ist.

Verlege dein Interesse dorthin, wo etwas ganz Anderes, Neues, mit dir geschehen soll. Gib, was du in deinen Händen zu haben meinst, hinüber in andere Hände, die größer und sicherer sind als die deinen: in die Hände Gottes. Lass es dort liegen – deinen Zustand, deine Verzagtheit, deine Blockiertheit, deine Resignation. Und nimm, was dir die Hände Gottes dann geben.

Das geht. Lege dich selbst zu Ruhe, statt dich angestrengt zu behaupten. Lege dich weg. Leg alles, was in dir zerknittert ist, einigermaßen glatt auf die Seite. Alles selbst machen zu wollen, hat ab einem bestimmten Alter keinen wirklichen Sinn mehr.

Ein Gebet, das mich nun seit vielen Jahren begleitet, ist dies:

Ich lasse mich dir, heiliger Gott, und bitte dich:
Mach ein Ende aller Unrast.

Meinen Willen lasse ich dir.
Ich glaube nicht mehr,
dass ich selbst verantworten kann,
was ich tue und was durch mich geschieht.
Führe du mich und zeige mir deinen Willen.

Meine Gedanken lasse ich dir.
Ich glaube nicht mehr, dass ich so klug bin,
mich selbst zu verstehen,
dieses ganze Leben oder die Menschen.
Lehre mich deine Gedanken denken.

Meine Pläne lasse ich dir.
Ich glaube nicht mehr,
dass mein Leben seinen Sinn findet in dem,
was ich erreiche von meinen Plänen.
Ich vertraue mich deinem Plan an,
denn du kennst mich.

Meine Sorgen um andere Menschen lasse ich dir.
Ich glaube nicht mehr,
dass ich mit meinen Sorgen
irgend etwas bessere.
Das liegt allein bei dir.
Wozu soll ich mich sorgen.

Meine Furcht vor meinem eigenen Versagen
lasse ich dir.
Ich brauche kein erfolgreicher Mensch zu sein,
wenn ich ein gesegneter Mensch sein soll
nach deinem Willen.
Meine ungelösten Fragen,
alle Mühe mit mir selbst,
alle verkrampften Hoffnungen lasse ich dir.
Ich gebe es auf,
gegen verschlossene Türen zu rennen,
und warte auf dich. Du wirst sie öffnen.

Ich lasse mich dir. Ich gehöre dir, Gott.
Du hast mich in deiner guten Hand. Ich danke dir.

Wenn du mich fragst, was denn das sei, das »Evangelium«, was es sage, so antworte ich dir: Das Evangelium sagt – sehr im Unterschied zu vielen anderen religiösen Traditionen – das einfache Wort: Alles ist gut.

Das Evangelium, wie Jesus es eröffnet, wie er es lebt, wie er es in seinem Handeln darstellt, sagt: Es bejaht dich einer. Nämlich Gott. Der sagt zu dir: Ich bejahe dich nicht, weil du so gut bist, so tüchtig oder so weise. Ich beurteile dich nicht nach dem, was du tust oder versäumst. Ich beurteile dich nach dem, was du bist. Was du aber bist, das kann nur einer sehen, der dich liebt oder die dich liebt. Was ein Liebender oder eine Liebende in dir sieht, das ist dein wirklicher Wert. Du kannst darum nichts Besseres werden als ein geliebter Mensch.

Das sagt Jesus: Vertraue deinem Vater im Himmel. Vertraue dem Bild, das er von dir hat. Lass los, was du selbst siehst. Geh deinen Weg im Frieden. Auch im Frieden mit dir selbst. Geh deinen Weg vertrauend und dankbar.

Als junger Mensch hatte ich mir vorgenommen, in meiner Kirche und in meiner Welt etwas zu bewegen. Als alter Mensch kann ich natürlich zurückfragen: Habe ich irgendetwas bewegt oder nicht? Aber diese Frage hat keinen Sinn. Niemand kann sehen, was durch ihn im Lauf des Lebens geschehen und geworden ist. Es wächst hinter unserem Rücken, und dort haben wir keine Augen. Ich darf meine Frage also liegen und auf sich beruhen lassen und meinen Weg weitergehen. Meine Zukunft, mein Ziel ist wichtiger.

Aus diesem ruhigen Vertrauen erwächst das, was wir Gelassenheit nennen: Sich nicht ängsten. Nichts erzwingen. Nichts verweigern. Freundlich bleiben.

Als ich vor Jahren in den schwedischen Wäldern unterwegs war, fiel mir auf, dass da ganze Täler, Hügel und Seeufer überzogen waren mit Moosen und Pilzen und Beeren und Flechten von unglaublicher Vielfalt. Ich habe mir diese kleine Welt oft und lange und bewundernd angeschaut. Diese kleinen Polster lassen sich nicht verwerten, man kann sie zwar sammeln, wenn man will, aber man wird nicht viel mit ihnen anfangen können. Man kann sie nicht auf dem Markt verkaufen. Man kann sie nicht essen. Und die kleinen Beeren, die man essen könnte, lohnen die Zeit nicht, die man brauchte, um sie zu ernten. Es ist alles klein, nutzlos, unansehnlich, es ist keineswegs großartig oder repräsentativ. Aber es ist schön. Es ist genau das, was mit ihm gemeint ist. Und es hat sein eigenes Lebensrecht. Es ist alles irgendwann von irgendwem erdacht worden, gebildet und dazu angeregt, zu wachsen bis zu seiner kleinen vollkommenen Gestalt.

Wenn ich uns Menschen recht betrachte, dann sind auch wir nicht viel größer. Nicht viel wichtiger und nicht viel brauchbarer. Nur: Wir sind nicht in dem Maß wie die kleinen Randerscheinungen der Natur vollkommen das, was wir sein können und sein sollen. Unser Werk? Im guten Fall war es in sich recht und nützlich. Es muss nicht in den Geschichtsbüchern genannt werden. Man braucht es nicht in rühmendem Ton zu berichten.

Es muss nicht groß und stolz sein wie ein Baum. Es braucht nicht von künstlerischem Rang und Glanz zu sein. Es genügt, wenn es auf seine Weise sinnvoll war. Es genügt, dass es so geschehen ist, wie es geschah.

Am Ende höre ich Gott sagen: Lass dir genügen. Es ist gut. Ich nehme es an. Ich sage ja auch zu dem, was in deinen eigenen menschlichen Augen nutzlos war.

Schau den Rosenbusch an.
Zwischen den Stämmen
eines Kiefernwaldes
hat er einen schönen,
freien Platz zum Leben.
Ihm ist die Kraft gegeben,
über und über zu blühen.

Aber er könnte nicht stehen,
hätte ihm nicht jemand
zwei Stützen gegeben.
Seine eigenen Stämmchen
sind zu dünn.
So gehalten, blüht er.

Vielleicht liebt ihn sein Gärtner
gerade seiner Schwäche wegen.
Er wirkt jedenfalls
in sich ausgewogen
und mit seinem Schicksal
einverstanden,
so wie das einem Rosenbusch
möglich ist.
Und du, Mensch, kannst stehen,
auch wenn du dir das große
Stehvermögen
nicht zutraust.

Du hast irgendwann einmal gelernt, vielleicht als Kind: Wir Menschen würden »gerechtfertigt ohne der Gesetze Werke, allein durch den Glauben und allein aufgrund der Gnade Gottes«. Dieser in so viel christliche Fremdsprache verpackte Satz handelt immerhin von dem, was am Ende zählt. In schlichtem Deutsch nachgesprochen, sagt er: Es kommt nicht darauf an, wie du mit deinem Leben fertig geworden bist, nicht auf das, was du am Ende vorzeigen kannst.

Das Evangelium sagt vielmehr: Du bleibst bei all deiner Bemühung immer die oder der, die oder der du von Anfang an gewesen bist. Aber Gott wird dein Leben am Ende gutheißen, ganz unabhängig davon, was nach menschlichem Ermessen herauskam. Schon heute gibt er dir die Lebendigkeit und die Kraft, zu blühen und zu reifen.

Gott sagt: Du wirst geliebt, nicht weil du dies oder jenes getan hast, sondern weil du da bist. Nicht, weil du so liebenswert bist, sondern weil Gott dich liebt, dich, seine Tochter, seinen Sohn.

Man konnte das immer wissen, wenn man irgendwann etwas gehört hat vom christlichen Glauben. Aber irgendwann muss der Tag kommen, an dem einem aufgeht, dass es tatsächlich so ist.

Das ist es, was wir das »Evangelium« nennen. Es ist so einfach, dass man sich fast scheut, es als Sinn und Ziel des Menschenlebens in Worte zu fassen. Aber man kann es begreifen. Und dann ist alles gut.

Dann hast du die Hände und das Herz frei für das, was dir in deinem Leben zugemutet wird. Dann brauchst du, was das Evangelium von dir will, nicht als strenge, harte Forderung zu verstehen, sondern als Gelegenheit zu zeigen, was du empfangen hast. Denn Moral ist für einen Christen nie eine Forderung, sondern immer eine Gelegenheit zu leben, was die Liebe Gottes in uns bewirkt.

Wie sieht christliche Moral aus? Mit was für Gedanken in seinem Kopf soll das Pferd nun seinen Mist auf den »Acker des liebreichen Willens Gottes« hinausziehen? Ein paar davon will ich nennen:

Halte wenig von aller Leistung,
deiner eigenen vor allem.
Lächle ein wenig über den Stolz,
der nicht loslassen kann.
Überschätze dich nicht. Sei dankbar für alles.
So entgehst du der Bitterkeit.
Verzeihe, ohne Aufhebens davon zu machen.
So gibst und gewinnst du immer mehr freien Raum.
Tu immer weniger mit Gewalt
und immer mehr mit Geduld.
Löse dich aus allem Hass
und freue dich an immer mehr mit.
Fordere immer weniger
und verweigere ebenso immer weniger.
Halte gegen niemanden Vorwürfe fest.
Klage niemand an wegen vergangener Dinge.
Fordere von niemandem Dankbarkeit.
Halte niemanden
für einen Gegner oder einen Feind.

»Denke an das Ende und lass alle Feindschaft
fahren«, sagt die Bibel (Sir 28,6).
Beende allen Streit, ehe es Nacht wird.
Die Zeit ist kurz.
Zieh nichts Ungeordnetes durch die Tage.
Die Zeit ist kostbar.
Wünsche von immer weniger,
es möchte vorbei sein.
Das Leben ist nicht später.
Es ist jetzt.
Wünsche von nichts, es möge zurückkommen.
Es ist gewesen, und nur seine Spuren
in deinem Herzen sind wichtig.
Bewahre, was gewesen ist,
und steh zu deinen Freunden.
Steh zu allen,
mit denen dein Leben dich verbunden hat.
Geh deinen eigenen Weg
und nimm nicht zum Maß,
was man um dich her denkt.
Es ist nicht der Weg der anderen,
sondern dein eigener.

Und vergiss nie, dass der Tag, der heute anbricht,
ein Tag ist, den dir die Güte Gottes gegeben hat.

Wenn du dir dies oder Ähnliches vornimmst, wirst du bemerken, dass da auch eine sehr dunkle Frage auf dich zukommt, die will beantwortet sein:
Was ist mit dem Vielen, mit dem ständig Wiederkehrenden, dem Unvorhersehbaren, das nicht gut war? Was ist mit dem, was misslungen ist, missraten, missgetan, missgedacht, missgesagt? Was ist mit dem Beschämenden, das du gerne möglichst schnell vergessen möchtest? Vielleicht gar mit dem wirklich Dunklen, dem zerstörend Bösen? Es nützt ja nichts, diese Seite des Vergangenen – die ständig gegenwärtige – mit einer fröhlichen Miene zu überspielen und in die Vergangenheit abzuschieben. Was tun mit den langen Stunden, in denen wir daran herumkauen?

In der Sprache des Glaubens gibt es ein Wort, das wir dringend neu verstehen müssen: Es ist das Wort »Vergebung«. Was ist das? Wenn wir Christen von Vergebung reden, dann meinen wir nicht das Vergessen dessen, was gewesen ist. Wir meinen eine Heilung. Wir meinen: Die kranken und zerstörten Beziehungen zwischen den Menschen und vor allem auch zwischen Gott und uns können geheilt werden. Wir meinen, es gebe neue Anfänge, die die Liebe setzt. Die Liebe Gottes zu uns. Die Liebe zwischen uns und den Menschen um uns her, wie Jesus Christus sie uns in seinem Leben und Sterben gezeigt hat.

Auch vom Gesamtergebnis eines langen Lebens wird gelten: Ganz am Ende wird ein neuer Anfang sein. Darauf verlasse dich. Und lasse im Vertrauen auf die Liebe Gottes alles zurück, was dich aus deiner Vergangenheit gefangen halten will. Dann hast du die Grundlage für die Gelassenheit, in der du dich selbst ansehen und in der du deinem weiteren Ziel entgegengehen kannst.

Ich habe uns beide vorhin mit dem Rosenstöckchen verglichen, das auf seinen schwachen Beinen steht und von beiden Seiten der Stützen bedurfte. Nun sagt mir das Evangelium: Schau nicht nur deine Schwäche an, schau auf die Schönheit dessen, was Gott aus dir machen wird. Nimm eine dieser Blüten heraus und betrachte sie: Auch das bist du. Es gibt außer dem Zustand, in dem du dich jetzt siehst, auch ein Zielbild, und das ist wichtiger. Denn von ihm geht die Kraft aus, die du brauchst, wenn du an deinem heutigen Zustand etwas ändern willst. Hier, in diesem Zielbild, liegt das Recht und der Sinn der Gelassenheit, die ich dir

wünsche und mit der du dein Leben be-
stehen kannst.
So schrieb Benjamin Franklin, der ameri-
kanische Politiker, Schriftsteller, Buch-
drucker und Naturforscher (1709–1790),
als er den Text entwarf, der auf seinem
Grabstein stehen sollte:

Hier liegt der Leib B. Franklins,
eines Buchdruckers
gleich dem Deckel eines
alten Buches,
aus welchem der Inhalt
herausgenommen
und das seiner Inschrift und
Vergoldung beraubt ist –
eine Speise für die Würmer;
doch wird das Werk selbst
nicht verloren sein,
sondern, wie er glaubt,
einst erscheinen
in einer neuen,

schöneren Ausgabe,
durchgesehen und verbessert
vom Verfasser.

Wenn das so ist, dann darfst du dich in deiner Haut auch wohlfühlen, solange du sie um dich hast. Auch in deinem Wesen, das du von deinen Eltern geerbt hast, in deinem Charakter mit seinen Schwächen und Zicken, und du brauchst dich nicht wichtiger zu nehmen als sie sind. Sie sind dir nur für die Zeit dieses Lebens als Behausung zugewiesen. Und du weißt: Sie ist nicht die letzte. Der Umzug steht noch bevor.

Was sollen wir also tun? Wir schauen uns den neuen Menschen an, den Gott aus uns machen wird, und lassen uns von ihm bestimmen. Wir schauen uns das Bild des Menschen an, wie Jesus es uns zeigt, und orientieren uns an ihm. Vor allem: Wir sehen, wie Gott uns in Jesus sein eigenes Bild, nämlich das des liebenden Gottes, vor die Seele stellt und vertrauen uns ihm an. Und so leben wir im Frieden und wissen:

Es läuft eine Linie durch unsere Jahre,
gezogen von einer sicheren Hand.
Nichts geschieht »einfach so«.
Was um uns her geschieht, redet uns an.
Was wir erfahren, will uns ändern.
Was uns begegnet, ist ein Geschenk.
Alle Wahrheit, die wir verstehen,
alle Lebenskraft hat uns einer zugedacht.
Was uns zufällt, was wir Zufall nennen,
fällt uns aus einer gütigen Hand zu.
Was uns schwer aufliegt, ist uns auferlegt
von einer Hand, die weiß, was sie tut.

Sind wir also noch wichtig?
Für Gott sind wir es.
Wir können uns aus der Hand legen.
Er wird uns halten und bewahren
in Zeit und Ewigkeit.

ICH KANN VERTRAUEN

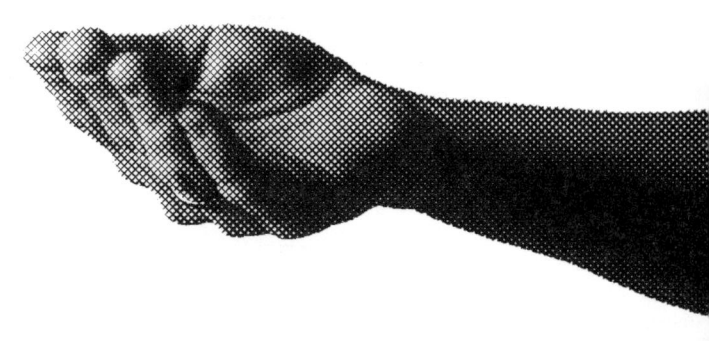

Was heißt: Ein Segen sein?

Wir feiern keinen Gottesdienst, an dessen Ende nicht ein Segen gesprochen wird.
Ein altes, vielleicht uraltes Wort, das seine segnende Wirkung an uns tun soll und will. Aber wissen wir, was das ist, ein Segen?

Am Uranfang der Geschichte des biblischen Volkes, als Gott Abraham, den Urvater Israels, aus seiner Familie und seiner Stadt herausrief auf seinen einsamen Weg, lesen wir von einem Wort Gottes an ihn: »Ich will dich segnen, und du sollst ein Segen sein.« (Genesis 12,1–3)

Was heißt das: segnen? Und was heißt das: ein Segen sein?
Nehmen wir an: Ein Acker ist trocken. Es liegt Saat in ihm, aber es ist trocken. So

wächst nichts. Nun setzt Regen ein, die Saat geht auf und wächst. Der Regen segnet, das heißt: er hilft, dass etwas aufgeht, dass etwas wächst, dass etwas gedeiht. Wenn Gott seinen Segen über uns ausspricht, dann wächst etwas in uns, es gedeiht etwas, es reift Frucht. Es wächst aus Arbeit und Leid, aus Fröhlichkeit und Stille die Frucht für dieses Leben und für die Ewigkeit. Der Same springt auf und wird frei, und aus einer Erde, aus der scheinbar nichts zu erwarten war, wächst Vertrauen, wächst Dankbarkeit.

Wenn Segen über einem Leben waltet, hat es Sinn. Es gedeiht. Es wächst. Es wirkt lösend, fördernd, befreiend auf andere. Versuche glücken, Werke gelingen. Die Mühe zehrt das Leben nicht aus, sie ist sinnvoll und bringt ihre Frucht. Am Ende steht nicht die Resignation, sondern eine Ernte. Ein alternder Mensch, dessen Leben gesegnet ist, geht nicht zugrunde, er reift vielmehr, wird klarer und freier und stirbt am Ende »lebenssatt« wie einer von einer guten Mahlzeit aufsteht.

Segen ist ein Geschehen, nahe verwandt dem, was wir »Gnade« nennen. Denn man kann Segen nicht machen, man kann ihn nur empfangen und vielleicht auch weitergeben. Aber er entzieht sich aller Planung. Er kommt oder er kommt nicht, wie der Regen über ein Feld kommt oder nicht kommt.

Ob ein Mensch dem begegnet, den er lieben kann, das kann er nicht machen. Es ist Gnade. Und sein Leben wird gesegnet. Alles Begegnen ist Gnade, alles Finden und Zusammenbleiben, alle Bewahrung von Gefahr und Unheil, aller Friede ist Gnade.

Ob ein Mensch zu seiner eigenen, eigentlichen Gestalt heranreifen darf, das kann er nicht machen, er darf es aber dankbar empfangen, wenn es ihm widerfährt. Ob sein Werk gelingt, ob er bewahrt bleibt vor schwerer Verschuldung, das ist Gnade.

Und es ist Gnade, wenn die Kräfte des Wachstums, der Lebendigkeit, der schöpferischen Vitalität erwachen. Es ist Zeichen eines Segens, der sozusagen von oben kommt und nicht gewollt und nicht gemacht werden kann.

Und Gnade ist es, wenn Menschen einander einen solchen Segen weiterreichen dürfen, etwa wenn der eine zum anderen sagt: Es segne und behüte dich Gott, der Allmächtige und Barmherzige, Vater, Sohn und Heiliger Geist.

Mit Leib und Seele

Alle diese Gestalten des Segens sprechen von einem Zusammenhang zwischen Gott und Seele und Leib, zwischen Gott und Welt, Sichtbarem und Unsichtbarem. Immer hat der Segen es zu tun mit der Einwirkung einer geistigen Kraft auf leibliches, sichtbares, konkretes Leben. Immer erfüllt er sinnhaftes, irdisches Leben mit einem Sinn, der anderswo herkommt. Immer bindet der Segen die Materie an den Geist, den Leib an die Seele, die Sinne an den Willen und an die Klarheit dessen, der diese Welt geschaffen hat und durchwirkt.

Wenn uns heute der Gedanke fremd geworden ist, unser Leben könne gesegnet sein oder wir könnten anderen Menschen mit einem Segen beistehen, dann mag das seine Ursache haben in der seltsamen Entfremdung, in der für uns das leibliche, erdhafte Leben von der Welt unseres Glaubens steht. In der seltsamen Spaltung zwischen Gott und der Erde.

Unser Glauben hat so wenig zu tun mit den Sinnen, mit denen wir die Erde und das elementare Leben wahrnehmen, und mit den Kräften, mit denen wir uns auf dieser Erde durchsetzen. Politik hat nichts mit dem Glauben zu tun, Wirtschaft nicht, Kunst nicht, Urlaub und Freizeit nicht, und alles, was mit den Erfahrungen unserer Sinne zu tun hat, erst recht nicht. Segen aber bewirkt, dass dies alles zu einem ganzen, vollen und runden Dasein zusammenschmilzt und so seine gemeinsame Lebensgestaltung findet.

Und doch ist es gar nicht so schwer zu verstehen. Wenn ich eine Pflanze begieße, segne ich sie, das heißt, ich helfe ihr zu Gedeihen und Wachstum. Wenn ich einen Menschen liebe, segne ich ihn, helfe ihm an Leib und Seele und Geist zu seiner eigentlichen Gestalt.

Vielleicht sollten wir einmal darauf achten, wie sinnenhaft es zugeht, wenn Jesus über die spricht, die er selig nennt, oder über die, die sich seinem Wort zuwenden.

Wenn ich Jesus zuhöre, bin ich der Erde sehr nahe. Dann höre ich ihn von einem Acker reden, von einer Quelle, von Bäumen und Blumen, von Sturm und Unwetter, vom Abendrot oder vom Licht oder vom Feuer, von Brot und Wein, von den Fischen im See oder den Schafherden in der Steppe und von den Menschen auf den staubigen Straßen seiner Heimat. Er hat wohl selten aus einem Buch vorgelesen. Offenbar ging er davon aus, dass Himmel und Erde einander näher seien, als wir meinen, dass dort wie hier die gleichen Kräfte und Gesetze am Werk seien, in der sichtbaren wie in der unsichtbaren Welt.

Er wollte mit allen seinen Reden auch sagen: Wenn du das Unsichtbare begreifen willst, dann tu die Augen auf und die Ohren. Nimm wahr, was nahe bei dir, hier auf dieser Erde geschieht. Er hat nie eine Religion vertreten, die im Kult allein stattfindet oder in den Gedanken allein, eine Religion, die keine Erdberührung hat und an dieser Erde nichts bewirkt.

Ich glaube darum auch nicht, dass er von denen verstanden werden kann, die ihren Empfindungen misstrauen, ihre Erfahrungen verdrängen oder ihre Sinne in ihre Gedanken einzäunen und sich, wenn es um ihren Glauben und um den Sinn ihres Daseins geht, allein auf ihren angeblich so klaren Kopf verlassen möchten.

Ist es nicht ein Elend, wie wenig wir mit unseren fünf Sinnen anfangen können, gerade wir Christen: mit den Sinnen, die uns Gott gegeben hat? »Wer Ohren hat, höre«, sagt Jesus. »Siehe!« sagt er. »Schmecket und sehet, wie freundlich der Herr ist«, sagt der Psalm. Vom »Duft der Erkenntnis Gottes« spricht Paulus. Und Johannes bekennt: »Wir haben das Wort des Lebens mit unseren Ohren gehört, mit unseren Augen gesehen, mit unseren Händen betastet.« Sie lebten in ihren fünf Sinnen. Ach, was sage ich – fünf Sinne! Ich habe mindestens ein Dutzend.

Ich fühle die Wärme der Sonne oder des Feuers. Ich empfinde das Gewicht, mit dem ich auf meinen Füßen stehe. Ich fühle, ob ich im Gleichgewicht bin gegenüber den Kräften der Erde. Ich weiß, was Raum ist und was Größe oder Klein-

heit, und unterscheide, was rasch vor-
beigeht und was langsam lebt. Ich messe
Stunden und Augenblicke, Tage und
Nächte. Ich empfinde Schmerz, wenn ich
mich verletze. Ich fühle Müdigkeit und
lege mich schlafen. Und hat nicht die
Liebe ihren eigenen wunderbaren Weg
zur Ekstase, ihren eigenen »Sinn«? Ich
atme und fühle den Raum in mir selbst.
Ich spreche und forme Laute, Töne, Worte
hinaus in den offenen Raum draußen.
Ich sehe, was auf mich zukommt und
ängstige mich. Ich sehe, was anderen
widerfährt, und empfinde die Gefahr.
Oder ich ahne: Morgen geschieht ein Unheil. Ich berühre die Hand oder die Haut
eines anderen Menschen und weiß: Ich
kann vertrauen.

Wo sind denn alle diese Sinne geblieben
in unserer armen, modernen Welt? Ist es
ein Wunder, dass uns der Mut verlassen

hat, vom Sinn unseres Lebens – es ist ja nicht von ungefähr dasselbe Wort – Großes zu erwarten? Da uns doch die Wege dahin verstellt sind, die vielen Sinne, die reden, zeigen, deuten, führen wollen? Da wir doch den inneren Ton in uns selbst und den äußeren um uns her in den Geschöpfen Gottes nicht mehr vernehmen?

Ist es ein Wunder, wenn wir hilflos stehen vor den Aufgaben, die unsere Zeit uns stellt, da doch die Instrumente, mit denen wir sie erkennen und erfüllen sollen, nicht taugen?

Gott hat uns in den Sinnen geschaffen, in einem unendlich feinen Netzwerk von Fühlen und Empfinden, von Denken, von Wissen und Erinnern, Aufnehmen und Antworten, von Sein und Werden, von Störung und Heilung, von Freude und Weinen, Liebe und Neugier, Spiel und

Kampf und allen Instrumenten, die wir brauchen, und wir tun so, als besäßen wir nichts als den kleinen, sehr kleinen Verstand, mit dem wir die Geheimnisse des Daseins nachrechnen möchten wie das kleine Einmaleins. Am Ende betrachten wir es noch als Erweis unseres Glaubens, wenn wir auf dieser Erde umherlaufen, als wären wir heimatlos unter den Geschöpfen Gottes. Und es ist uns doch so viel zugedacht!

Bilder und Gleichnisse

Alles, was wahr ist, spiegelt sich in den Bildern, die die Erde hat. Alles, was wir begreifen sollen, müssen wir greifen, wie man eine Handvoll Erde aufnimmt oder ein Werkzeug fasst, einen Stein in der Hand hat oder ein Stück Eis in ihr schmelzen lässt, ein Brot bricht oder die Hand eines Menschen wärmt.

Was wahr ist, muss sich öffnen wie ein Fenster, das einen Blick freigibt auf ein weites Land, oder wie eine Tür, durch die man tritt. Darum redet die Bibel von dem, was wir nicht sehen, immer in Bild und Gleichnis. Sie redet von Gottes Geist und erinnert uns an das, was wir von Wind, Sturm oder Feuer wissen. Sie redet von Gottes Reich, als wachse es wie ein Weizenfeld aus der Erde. Die erdnahen und erdhaften Bilder sind das Ende der

Wege, die Gott mit unserem Nachdenken geht. Es sind die Bilder, die wir im Geviert unseres irdischen Lebens erwandern können.

Unsere Voreltern sprachen von vier Elementen, von Erde, Wasser, Luft und Feuer. Indem sie dem Geheimnis dieser Elemente mit allen Sinnen, mit Ahnung und Phantasie, nachgingen, fanden sie tiefere Wahrheiten, als wir heute finden, wo wir der Wahrheit unseres Daseins auf die Spur kommen sollen.

Wir evangelischen Christen haben eine Zeit hinter uns, in der uns mit großem Nachdruck gelehrt wurde, der Glaube gewinne nichts durch das, was er aus dem »Buch der Natur« lernen könne. Er sei vielmehr ausschließlich an das »Wort« gewiesen. »Wort« aber sei nur, was in das Gefäß der Sprache gegossen sei. Der Glaube habe sich an die grundlegende und abschließende große Offenbarung Gottes zu halten, wie sie uns in Jesus Christus begegnet. Wer sich aber angesichts der Schönheit und Weisheit der Schöpfung Gott nahe fühle, der lebe näher am primitiven Heidentum als an der in Christus offenbarten Wahrheit.

Ich habe mir solche Gedanken, wie es meine Pflicht war, mit vielen anderen zusammen eingeprägt. Aber ich befand mich dabei immer in einer Art Spaltung des Bewusstseins. Denn ich wusste, seit ich als Kind anfing, zu denken, dass der Gott, von dem ich Jesus Christus sprechen hörte, mich umgab an Leib und Seele, gegenwärtig in allem, was ich sah, was um mich her lebendig war, in allem, was mir durch Kopf und Herz ging. Für mich war Gott immer schon ein naher Gott und nicht der fremde, ganz andere. Und außerhalb seiner konnte ich mir nichts denken.

Diese Nähe zu allem, was wachsen und gedeihen und blühen und Frucht bringen will, müssen wir erfahren haben, wenn uns das Wort »Segen« etwas sagen soll. Wir sind Wesen dieser Erde, und wer die Erde verstehen will, der wird seine Lebendigkeit mehr einbringen müssen als seine Kenntnis. Wer der Welt gegenübersteht, wird sie nicht begreifen. Er ist ein Teil von ihr, und sein Wesen ist eins mit dem Wesen aller Dinge. Und sein Herz muss so groß sein, dass es Raum hat für das Geheimnis, das in allen Dingen ist.

Aus dem Anfang heraus, in dem Gott sprach, lebt die Schöpfung. Nach ihrem eigenen Rhythmus, aus der ihr eingestifteten Kraft aus Gott. Aus der ihr gegebenen Fruchtbarkeit, in der Lebendigkeit von Schlaf und Erwachen, von Zerstörung und Wiederentstehung, sensibler, als je ein Mensch wird begreifen können. Aber eben diesen Menschen setzt Gott, sagt die Bibel, in den Garten mit dem Auftrag, ihn zu bebauen und zu bewahren. Als einen Gärtner und Heger: damit unter den Geschöpfen ein Auge sei und ein Herz für die Schwestern und Brüder, die eines Auges und eines Herzens bedürfen.

In dieser von Gott gestifteten Schöpfung soll nun unser Leben gesegnet sein. Das heißt, es soll teilhaben an dem leiblichen, seelischen und geistigen Wachstum, das das Leben der Schöpfung in seiner großen Bewegung hält.

Wir sind ja selbst Erde. Wir sind selbst, was wir sehen, was wir hören, schmecken und riechen. Wir durchwandern uns selbst, wenn wir über die Erde hingehen. Und wie an ihr soll in uns etwas wachsen, aufgehen, blühen und reifen. Es liegt viel in dem tiefsinnigen Gleichnis, in dem Jesus das Himmelreich mit dem Bild eines Ackers verbindet. Denn offenbar wirken dieselben Kräfte und Gesetze im Acker wie im Himmelreich.

So sollen wir wohl auch mit den Gleichnissen leben, die Jesus uns erzählt. Wenn er etwa sagt: Das Himmelreich ist gleich einem Acker. Oder gleich einem Schatz, in einem Acker verborgen. Es ist wie ein Samenkorn, das aufgeht und zu einem Baum wird. Es ist wie ein Getreidefeld, das seinen Ertrag bringt.

»Das bin ich!« sagt Jesus zu seinen Freunden und deutet auf einen Weinstock. Der steht da, in die Erde eingewurzelt, verwachsen mit dem übrigen Wurzelwerk, in Reben sich verzweigend, behangen mit seinen Trauben.

»Mein Vater«, sagt er, »ist der Bauer.«
Das heißt wörtlich: der an der Erde arbeitet. Der Weinstock wächst aus der Erde,
und Gott arbeitet an ihm. Und ihr, so
wendet Jesus sich an seine Zuhörer, seid
die Reben, die letzten Zweige, an denen
die Frucht wächst: der Ertrag der Arbeit,
die Gott an dieser Erde tut. Ihr sollt durchlässig sein für den Saft, der die Frucht
hervortreibt. Ihr sollt den Weinstock, an
dem ihr lebt, nicht hindern und seine
Kraft an die Frucht weiterreichen.

»Mein Vater ist der Bauer.« Darin liegt
keine Sehnsucht nach Vergeistigung oder
Entweltlichung des Glaubens, sondern
ein starkes, gesundes, kräftiges Lebensgefühl. Ein Zutrauen zu der Kraft, aus
der man lebt. Ein Zutrauen, dass aus der
Mühe des Tages Frucht wächst und dass
diese Frucht von Gott gewirkt ist. Dass es
also gut ist, den Tag und seine Mühsal
anzunehmen.

Jesus segnet

Nun ist an drei Stellen im Evangelium die Rede von einem Segen, den Jesus gesprochen habe. Und überall bleiben wir voll und ganz in der erdhaften Gleichnissprache und in den Bildern von Wachstum und Fruchtbarkeit, die in ihr gemalt werden.

Wir lesen da: »Man brachte Kinder zu Jesus, damit er sie berühre, aber die Jünger trieben die Leute mit den Kindern weg. Als Jesus das sah, wurde er unwillig: Lasst die Kinder zu mir! Hindert sie nicht! Das Reich Gottes ist denen bestimmt, die sind wie diese Kinder. Und er herzte sie, legte ihnen die Hände auf und segnete sie.« (Markus 10,13–16)

Wenn Jesus Kinder segnet, dann sagt er damit: Gott lasse euch wachsen und gedeihen. Er gebe euch Glück. Er mache eure Hoffnungen wahr. Er gebe euch Frieden. Er gebe euch das Wohl des Leibes und das Heil der Seele. Er mache euch zu reifen, erwachsenen Menschen, zu Söhnen und Töchtern Gottes, denen der Sinn und Wert ihres Lebens gewiss ist.

Ein zweiter Segen von Jesus ist berichtet: An dem Abend, als er mit den Seinen in einem Haus in Jerusalem das Passa feierte, segnete er den Becher Wein, wie jeder Hausvater in jener Stunde es tat. Der Wein ist ein Zeichen des Festes. Dazu aber reichte und segnete Jesus das Brot. »Brot« – das ist seit Urzeiten ein Symbol für die Mühsal, mit der der Mensch sich seine Nahrung aus der Erde holt, aus jener Erde, von der er selbst genommen ist und zu der er am Ende zurückkehrt. Dieses Zeichen der Mühe, des Leidens und des Todes segnete Jesus zugleich mit dem Wein des Festes, und er gab die Deutung dazu: »Das Weizenkorn kann nur Frucht bringen, wenn es zuvor in die Erde fällt und stirbt.« (Johannes 12,24)

Er segnet also das Opfer, die Hingabe, die Rätsel und die Schmerzen, damit Frucht aus ihnen erwächst. Er segnet sie, damit der Fluch sich wandelt in Gelingen. Denn das Leben findet, sagt er, nicht, wer es an sich reißt, sondern wer es hingibt. Er gibt damit seinem eigenen Tod die Deutung und spricht dem, der an seinem Tisch sitzt, die »Gnade« Gottes zu. Gnade hat ja mit der Last zu tun, die ein Mensch sich selbst ist. Sie hat mit seinem Verschulden zu tun, mit dem er sich selbst und andere verletzt, und mit dem Gesetz, dass alle Schuld Folgen hat. Die Gnade bewahrt davor, dass eine Tat auf den Täter zurückfällt. Sie hebt den Schuldspruch auf, den ein Mensch über sich selbst fällen müsste, sähe er sich mit den

Augen Gottes. Die Gnade ist eins mit dem Segen. Die Gnade beseitigt das Hindernis des Gedeihens, der Segen schafft das Gedeihen selbst.

In den Berichten über die Begegnungen der Jünger mit Jesus nach seinem Tode ist von einem dritten Segen die Rede: »Er führte sie hinaus nach Bethanien, hob die Hände und segnete sie. Segnend schied er von ihnen und fuhr auf zum Himmel. Sie aber kehrten nach Jerusalem zurück, von Freude erfüllt, und waren von da an ständig im Tempel, Gott rühmend.« (Lukas 24,50–53)

Der Segen von Bethanien war die Übergabe eines Auftrags und ein Akt der Befähigung. Die Jünger übernahmen in jener Stunde Jesu eigenes Amt: »Gott hat mich gesandt«, so beschreibt er es, »den Armen zu sagen, dass Gott sie liebt, die verwundeten Herzen zu verbinden, den

Gefangenen die Freiheit zu bringen und den Blinden das Licht, die Misshandelten zu erlösen und auszurufen: Dies will Gott!« (Lukas 4,18)

Dieser letzte Segen war Abschied und war Einsetzung in ein Amt zugleich, das Amt, das aus den Armen reiche Menschen schaffen soll, aus Kranken Gesunde, aus Blinden Sehende, aus Misshandelten Glückliche.

Wenn Jesus die Kinder segnet, dann umarmt er sie und legt ihnen die Hände auf: Geste der Liebe und des Zutrauens in ihre kleine Kraft. Und wenn wir seinen Segen weitergeben wollen, so nehmen wir unser Kind in den Arm und sprechen oder denken: Gott segne dich, mein Kind.

Damit sagen wir nicht nur etwas Schönes, sondern etwas Wichtiges auch für unsere Beziehung zu ihm. Wichtig ist nicht, was ich über dich denke, über deine

Zukunft, über deine Begabungen, darüber, was du werden sollst und wie dein Leben sich abspielen soll. Meine Gedanken und Pläne sind unwichtig. Wichtig allein ist, was Gott in dich hineingelegt hat. Meine Aufgabe kann nur sein, dich so zu schützen, dass unter dem Segen Gottes aufgehen kann, was in dir liegt. Meine Gedanken können nur der Sonnenschein und der Regen sein, die dir den Segen Gottes bringen.

Und wenn mein Kind heranwächst, ist wieder nicht wichtig, was andere Leute von ihm erwarten oder was ich mir unter seinem Wesen und Leben vorstelle, sondern allein, dass der Keim, den Gott in seinen Geist und sein Herz gelegt hat, aufgeht und das Kind bei seinem Eigensten bleibt.

Und wenn wir alt werden, dann ist wiederum nicht wichtig, ob wir unsere

Pläne verwirklicht und unsere Ziele erreicht haben, ob die Leistung unseres Lebens sich sehen lassen kann oder nicht, sondern nur, ob der neue Mensch, der im Laufe unseres Lebens in uns wachsen sollte, seine Gestalt erreicht hat. Jener neue Mensch, der immer mehr Christusähnlichkeit gewinnen soll.

Dabei ist wieder nicht wichtig, ob wir selbst diesen neuen Menschen wahrnehmen, sondern nur, ob er für Gottes Augen sichtbar geworden ist, für Gott, der ihn hat entstehen lassen.

Wissen wir etwas vom Segen Gottes, dann sind wir unseren Kindern gegenüber von größerer Gelassenheit, und wir sind von großer Gelassenheit auch dem Ertrag unseres eigenen Lebens gegenüber. Wir sind es nicht, die ihn hervorbringen mussten, und wir sind es nicht, die beurteilen können, was denn letzten Endes herauskam. Wir nehmen das Dasein unseres Kindes aus der Hand Gottes und geben den Ertrag unseres eigenen Lebens in seine Hand zurück und wissen: Was wert sein wird, zu bleiben, das muss im einen und im anderen Fall immer Gott selbst bewirken. Der Segen Gottes.

Das darf ich einmal sehr generell sagen: Wir Menschen pflegen immer und immer wieder mit großer Hartnäckigkeit die aussichtslose Frage zu stellen, was denn der Sinn unseres Lebens sei. Jahre unserer Jugend pflegen wir mit dieser Frage zuzubringen, solange, bis die meisten unter uns die Frage fallen lassen, weil es eine Antwort ja doch nicht gebe. Und in der Tat, könnten wir den Sinn unseres Lebens beschreiben, so müssten wir den Überblick haben über das Dasein überhaupt. Wir müssten an der Stelle Gottes sitzen und das Ganze überschauen und könnten dann sagen: Der Sinn dieses oder jenes Daseins im Zusammenspiel des Ganzen ist dieser oder jener. Die Frage nach dem Sinn unseres Daseins mag unausweichlich sein, aber sie ist dazu verurteilt, ohne Antwort zu bleiben.

An der Stelle aber, an der man allgemein vom »Sinn des Lebens« redet, sprechen wir Christen vom Segen Gottes, jener formenden und fruchtschaffenden Kraft, die allein jene Zielgestalt eines Daseins zu bewirken vermag, die wir meinen, wenn wir vom Sinn sprechen.

Den zweiten Segen spricht Jesus über den Elementen des heiligen Mahles. Und Paulus erinnert an die Szene mit dem Wort: »Der gesegnete Kelch, den wir segnen, ist er nicht die Gemeinschaft mit dem Blut des Christus?« Jesus setzt also das gesegnete Korn des Brotes zum Zeichen des lebendigen Brotes, das aus dem Opfergang des Korns entstehen soll, und den Weinstock zum Zeichen des lebendigen Weins, aus dem die Freude des ewigen Festes kommt.

Indem Jesus das Brot und den Wein reicht, verwandelt er die natürlichen irdischen Elemente in ein Mysterium. Aus gewöhnlicher Nahrung wird ein Bild der Erlösung, ein Bild für Leben, für Fest, für Gemeinschaft, für Geborgenheit, für die Zuverlässigkeit des Gastgebers. Aus einer gewöhnlichen Versammlung von Gästen wird das Volk Gottes. Und die Gemeinschaft dieses Volkes Gottes wird verglichen mit einer Braut, also jenem glücklichen, anfangenden Menschen, der in der Hoffnung lebt auf das Kind, auf Wachstum und Fruchtbringen und der aus dem Segen sein Leben hat. Die Eucharistie aber, die gesegneten Elemente des heiligen Mahls, wird zu Speise und Trank für das neu entstehende Leben.

Wenn Jesus die Jünger zum Abschied segnet, dann hebt er die Hände auf mit der Geste des Empfangens und des Weitergebens, damit die Jünger das, was sie empfangen haben, weitergeben wie er selbst. Der Keim des Gottesreiches soll in die Erde gesenkt werden, nicht nur ins Herz der Menschen, sondern in die Geschichte dieser Erde überhaupt.

Wir aber, sagt Jesus, sollen unsererseits segnen, und zwar nicht nur die Menschen, die wir lieben, sondern ausgerechnet auch die, die uns fluchen, die uns also das Absterben und den Tod wünschen. Ihr könnt einen Fluch, meint Jesus, nur dadurch unwirksam machen, dass ihr einen Segen dagegenstellt. Segnet eure Feinde, wünscht ihnen Gedeihen und Wachstum, nur so könnt ihr die Feindschaft beenden und das gemeinsame Leben begründen.

Die Kraft des Wachsens

Es liegt im Wesen des Segens, dass er dort eingreift, wo er am dringendsten gebraucht wird, als Regen gleichsam. Dort, wo das Lebendige ohne ihn vertrocknen würde. Als Trost für Menschen, die niedergetreten sind, ausgedörrt, die nicht wachsen können, keine Frucht tragen.

Es ist nicht zufällig, dass das Wort »segnen« vom lateinischen »signare« kommt, »mit einem Zeichen versehen«. Gemeint ist durch die ganze christliche Geschichte hin das Zeichen des Kreuzes. Gezeichnet wird eine Stirn. Gezeichnet wird eine versammelte Gemeinde mit dem Zeichen des Kreuzes. Gezeichnet wird der Tote, den wir dem Grab anheimgeben. Gezeichnet wird der Raum, in dem der Gottesdienst stattfindet, mit dem Zeichen des Kreuzes an der Chorwand oder über dem Altar. Gezeichnet werden Wege und Wegkreuzungen.

Der Segen im christlichen Sinn bezeichnet die Gegenwart des leidenden und sterbenden Christus im Leid von Menschen, denn der sterbende Christus ist ja nach seinen eigenen Worten das Weizenkorn, das in die Erde fallen muss, damit Auferstehung sich ereignen kann. Der Segen bezeichnet die Auferstehung aus der Angst und dem Leid und der Schuld, in denen der Mensch seinen Tod stirbt.

Wenn Christus der Segnende ist, dann liegt darin nicht eine christliche Abwandlung der uralten und weltweiten Rituale von Herbstfluch und Frühlingssegen. Denn er kommt nicht aus dem Jahrmillionen währenden Kreislauf der Natur. Er kommt nicht aus dem kreatürlichen Zusammenhang, sondern aus der Liebe Gottes, die an kein Ritual, keinen Zauberspruch, keine Tag- oder Nachtzeiten gebunden ist, die nur ihre eigene Herkunft hat und nur sich selbst als Gesetz. Sie hängt daran, dass diesem Christus, in dem die Liebe Gottes sich ihre sichtbare Gestalt geschaffen hat, alle Macht gegeben ist im Himmel und auf Erden, oder daran, wie ich dasselbe lieber sage: dass er das verborgene, liebende Herz dieser Welt ist.

Segen heißt Kraft des Wachsens und Fruchtbringens in einem umfassenderen und weiterreichenden Sinn, als sie im Kreislauf des natürlichen Lebens wirksam ist. Sie reicht in die andere Wirklichkeit, die Auferstehung, hinüber und ist das Geheimnis jener Frucht, die aus einem irdischen Menschenleben bleibt, wenn diese Welt und ihre natürlichen

Gesetze längst nicht mehr sein werden.
Das wiederum bedeutet, dass der Mensch,
der diese Welt für eigenständig hält und
sich selbst für autonom, auf eben diesen
Segen verzichtet. Segen empfangen
heißt, auf Autonomie verzichten, um lebendig zu sein. Der autonome Mensch,
wie die Neuzeit ihn hervorgebracht hat,
mag tüchtig sein und erfolgreich. Er wird
sich abdichten gegenüber eben den Kräften des Daseins, die ihn letztlich lebendig und todüberlegen machen könnten.
Er wird letztlich seine Offenheit aufge-
ben, seine Blüte, sein Wachstum. Er wird
sich in seiner Autonomie verhärten und
wird versteinern.

Es mag sein, dass ein Mensch, der sich
als autonom versteht, grandiose Dinge
erfindet, dass er sich eine ganz neue Welt
aufbaut und doch mit all seinem Schaffen und Wirken und Nachdenken und

Produzieren am Ende den Tod über die Erde führt.

Ihn kann ja nicht berühren, was über seine Autonomie hinausführt. Ihn kann es nicht berühren, wenn Pflanzen und Tiere absterben. Er wird nicht anders können, als Wachstum und Aufblähung zu verwechseln, und ich fürchte sehr, dass das, was man heute wirtschaftliches Wachstum nennt, in Wahrheit Aufblähung ist und bereits ein Vorbote des Ausdorrens und des Todes dieser Erde.

Die alten Meditationsanleitungen der Christenheit sprechen immer wieder von einem bestimmten Wort, das in diesem Zusammenhang von grundlegender Bedeutung ist. Sie sprechen davon, es gelte, als erstes und als Voraussetzung für alles heilvolle Geschehen »gegenwärtig« zu sein. Gegenwärtig vor sich selbst und gegenwärtig vor Gott. Das

Gegenbild des autonomen Menschen ist die Gegenwärtigkeit des gesammelten Menschen vor Gott.

Wir reden von der Gegenwärtigkeit Gottes in dieser Welt, in allen Dingen, auch von seiner Gegenwärtigkeit in unserem eigenen Dasein. Will aber der Mensch dieser Weise, wie Gott ihm gegenüber ist, angemessen sein, angemessen leben und denken, so wird er versuchen, in diese Haltung der Gegenwärtigkeit zu gelangen, in der zunächst nicht mehr notwendig ist als dies, dass er sagt: Hier bin ich. Mit allen Kräften und Sinnen, mit meinen Gedanken und Empfindungen, mit meiner Unruhe und meinem rastlosen Alltag. Ich will nichts als da sein. Ich sammle mich auf dich hin. Ich weiß, dass du mir gegenüber bist, aber auch um mich her. Über mir, unter mir und in mir selbst.

Wer das einmal versucht, wird rasch erkennen, dass dies alles andere als einfach ist. Er wird feststellen, dass er mit Gedanken und Gefühlen fast immer anderswo ist als bei sich selbst und anderswo als in dieser Gegenwärtigkeit. Fast immer sind wir zerstreut, wie wir sehr richtig sagen, ausgestreut in die Dinge. Es ist eine lebenslange Arbeit, sich selbst immer wieder zusammenzuholen aus all den Zerstreutheiten unserer Gedanken und unseres Herzens. Nicht mit Gewalt, sondern mit der Leichtigkeit einer gelassenen Präsenz.

In dieser Gegenwart unseres ganzen Menschen vor Gott werden wir auch mit den Sinnen unseres Herzens ertasten, sehen, hören, fühlen, was Segen ist. Wir werden uns ihm öffnen, so dass er in uns eindringen und uns mit Kräften füllen kann, mit neuen Gedanken, mit Mut und Lebendigkeit.

Ich sage mir selbst immer einmal wieder das alte, wunderbare Meditationsgebet, das dem irischen Mönch Patrick, dem Bischof von Irland im 5. Jahrhundert, zugeschrieben wird. Es lautet so:

*Ich erhebe mich heute
durch eine gewaltige Kraft,
die Anrufung der Dreieinigkeit,
und bekenne den Schöpfer der Schöpfung.*

*Ich erhebe mich heute
durch die Kraft Gottes,
die mich lenkt.
Gottes Macht halte mich aufrecht,
Gottes Auge schaue für mich,
Gottes Ohr höre für mich,
Gottes Wort spreche für mich,
Gottes Weg will ich gehen,
sein Schild schütze mich.*

*Christus sei mir zur Rechten,
Christus mir zur Linken.*

Er die Kraft.
Er der Friede.

Christus sei, wo ich liege.
Christus sei, wo ich sitze.
Christus sei, wo ich stehe.
Christus in der Tiefe,
Christus in der Höhe,
Christus in der Weite.

Christus sei im Herzen eines jeden,
der meiner gedenkt.
Christus sei im Munde eines jeden,
der von mir spricht.
Christus sei in jedem Auge,
das mich sieht,
Christus in jedem Ohr,
das mich hört.
Er mein Herr.
Er mein Erlöser.
Ich erhebe mich heute
durch eine gewaltige Kraft,
durch die Anrufung des dreieinigen Gottes.

Aus dieser Art Gegenwärtigkeit in Christus, aus dieser Art Gegenwärtigkeit des Christus in mir heraus gingen die irischen Mönche auf ihre weiten Reisen zu Lande und zur See, die großartigste Gemeinschaft aktiver Missionare, die die christliche Geschichte kennt.

Denn nun hängt der Segen dicht zusammen mit der Sendung des gesegneten Menschen.

Wir erinnern uns: Als Jesus den Kelch und das Brot segnete, wandte er sich zugleich an seine Jünger und sagte: Wo immer ihr hinkommt, tut dies zu meinem Gedächtnis. Und Paulus nimmt das Wort auf und sagt: Indem wir das gesegnete Brot nehmen, verkündigen wir den Tod und die Auferstehung des Herrn.

Und als Jesus dieselben Jünger segnete, als er Abschied nahm von dieser Erde, da sagte er ihnen: »Geht hin in alle Welt und macht zu Jüngern alle Völker und tauft sie auf den Namen des Vaters und des Sohnes und des Heiligen Geistes und lehrt sie leben nach allem, was ich euch gesagt habe« (Matthäus 28,19-20). Sie aber, so ist erzählt, kehrten nach Jerusalem zurück und rühmten Gott.

Ein Mensch, der fähig ist, Gott zu rühmen mit all seiner Gegenwärtigkeit, seiner Offenheit und Empfangsbereitschaft, die darin liegt, ist an dem Ziel, das es auf dieser Erde überhaupt zu erreichen gibt: Gott zu rühmen, damit antwortet der Gesegnete auf die Gegenwärtigkeit des segnenden Gottes.

»Ich will dich segnen, und du sollst ein Segen sein.« Damit hatte die Urgeschichte des biblischen Volkes begonnen: in diesem Zusammenhang von Empfangen und Weitergabe des Segens Gottes.

Das Leben Christi auf dieser Erde aber endet eben mit dieser Bewegung des

Gebens, die übergehen will in ein Geben von Mensch zu Mensch, ein Weitergeben aus der Fülle Gottes an die, die ihrer am meisten bedürfen.

Das Zeitliche segnen

Der Segen, den Christus, der von dieser Erde Scheidende, den zurückbleibenden Menschen gab, spiegelt sich in einem ganz eigenen Segen, den wir Menschen, wenn wir diese Erde verlassen, denen geben dürfen, die auf dieser Erde zurückbleiben.

Als Jakob, der Patriarch, sehr alt war und Josef, sein Sohn, sah, dass er sterben würde, nahm er seine beiden noch kleinen Söhne und ging zu seinem Vater. Und der Großvater richtete sich auf seinem Lager auf und legte den beiden Enkelkindern die Hände auf und sprach:

»Der Gott, vor dem meine Väter Abraham
und Isaak gelebt haben,
der Gott, der mein Hirte gewesen ist
mein Leben lang bis auf diesen Tag,

der Engel, der mich erlöst hat
von allem Übel,
der segne die Knaben,
dass durch sie mein und meiner Väter
Name fortlebe,
dass sie wachsen und gedeihen auf Erden.«

(Genesis 48,15–16)

Es war früher auch bei uns Sitte, dass bei einem Abschied der Ältere den Jüngeren gesegnet hat, Eltern etwa ihre Kinder, Sterbende in ihrer letzten Stunde ihre Familie. Und entsprechend haben wir noch die alte Wendung, es habe einer »das Zeitliche gesegnet«. Das ist ein wunderbares Wort. Was ist damit gemeint?

Wir reden davon, der Regen »segne« die Erde. Oder von einer Frau, sie sei »gesegneten Leibes«. Segen ist eine Kraft, die die Erde fruchtbar macht oder einen Menschen. Segen schafft Wachstum und Gedeihen. Segen bewirkt, dass Frucht entsteht. Und im übertragenen Sinn ist Segnen ein Bejahen und ein Fördern des Lebens. Und so »segnet« der Sterbende sein vergangenes Leben, die Welt und alle Menschen, die ihm nahestanden. Er gibt seine Lebenskraft, seine Liebe weiter an die Lebenden, die er liebt.

Wenn also jemand »das Zeitliche segnet«, dann leuchtet alles noch einmal auf, wird alles noch einmal freundlich gesehen, und alle Kräfte, die vergehenden, werden den Zurückbleibenden zugewandt, zum Abschied und zur Stärkung des Lebens und der Liebeskräfte in der Welt.

Nichts wird festgehalten, nichts wird weggeschoben. Es darf alles gelten. Der Sterbende wünscht dem, was war, dass es weiterlebe, weitergedeihe. Und er wünscht sich selbst, es möge auch für ihn Frucht wachsen aus dem, was »zeitlich« war, für die Ewigkeit. Es mag sein, dass er dabei manches ein wenig anders wertet als die Zurückbleibenden, so, wie Jakob bei seinem Segen gegen alle Sitte den Jüngeren vorzog.

Eltern, die auf dem Sterbebett ihren Kindern etwas Gutes sagen, können damit vieles wiedergutmachen, was sie an ihnen versäumt haben. Sie geben den Kindern für die Zukunft eine Kraft mit, die trägt.

Segen hinterlässt derjenige, der zu Lebzeiten regelt, was an Zeitlichem noch zu regeln ist. Segen hinterlässt derjenige, der seinen Kindern und Enkeln und allen, die ihm nahestehen, zuletzt bestätigt, dass er sie bejaht, ihnen ihr Weiterleben gönnt.

Das Zeitliche segnen heißt: das eigene Leben in Frieden abschließen, heißt aber noch mehr: das weitergehende Leben der anderen bejahen, gutheißen, ihnen Glück wünschen.

Dass ein Gesegneter ein Segen für andere sein kann, wie es in dem Wort formuliert ist: »Ich will dich segnen, und du sollst ein Segen sein«, das ist das Geheimnis des alten, weggehenden Menschen. Selten kann ein Mensch, der Frieden stiften will zwischen zerstrittenen Menschen, dies so wirksam tun wie auf seinem Sterbebett. Ihm wächst eine Autorität zu, die er in diesem Maße nie hatte. Und es mag sein, dass sich die Christus-Gestalt, die während unseres Lebens in uns wuchs, in der Stunde vollendet, in der wir die Menschen segnen, von denen wir Abschied nehmen.

Als Mose an das Ende seiner Tage kam, führte, so erzählt die Bibel (Dtn 34), Gott ihn auf einen hohen Berg, von dem aus er das Ziel sehen konnte, dem er ein Leben lang nachgewandert war: das Land, in dem einmal seine Nachkommen leben sollten. Ein Leben lang hatte er sich um die Heimkehr seines Volkes bemüht, auf endlosen Wegen durch unwirtliches Land. Nun sieht er das Ziel, das er selbst nicht mehr erreichen wird.

Wenn Mose nun Abschied nimmt, dann blickt er von dem Berg aus auch zurück. Er sieht, wie er einst als Kind aus dem Nil gerettet wurde. Und er sieht, wie er bewahrt wurde auf seinem langen, gefahrvollen Weg und wie seine lebenslange Mühe erfüllt war mit einem verborgenen Sinn. Er erkennt: Ich bin ein Geführter und ein Gesegneter. Und er singt sein Lied: »Ich will den Herrn preisen.« Gott war vor mir und um mich her, und alles war Gnade.

Moses Geschichte spielt nicht nur in einer fernen Vergangenheit. Sie spielt in uns selbst. Irgendetwas in uns sehnt sich nach Freiheit. Irgendein Bild steht da vor uns von einem sinnvollen Leben, von einem Land, in dem zu leben sich lohnt. Und vielleicht berühren wir mit den Fingerspitzen gleichsam ein wenig Freiheit oder atmen sie ein und wissen: So eigentlich müsste das Leben sein. Vielleicht ist die Stunde, in der wir uns aus unserer Arbeit lösen, um alt zu sein und zur Ruhe zu kommen, auch die, in der uns die Freiheit berühren will.

Wenn wir uns dann umsehen, ändert sich alles vor unseren Augen. Vielleicht kommen wir bis an den Punkt, an dem wir erkennen: Was unsere Mühe war, ist in Wahrheit die Güte Gottes gewesen. Was wir am Ende sind, das hat Gott in langen Jahren aus uns gemacht. Wir aber nehmen, was da war und wurde, an und versuchen, dafür zu danken. Und wir geben uns dieser Hand zurück. Sie nimmt uns auf, entlässt uns zugleich auf einen neuen Weg und führt uns weiter. Und das Land, das wir suchten, wird sich uns öffnen.

Es ist uns zugedacht, dass wir auf der Höhe unserer späten Jahre über die Grenze hinübersehen: wach, wissend, frei. Wir spüren, wie eine große andere Wirklichkeit auf uns zuströmt. Ein grenzenloser Strom von Erkenntnissen und Erfahrungen. Gott selbst kommt uns entgegen. Denn das Alter ist nicht das Ende von allem, sondern nur der letzte Takt einer Ouvertüre, und die eigentliche, die wunderbare Musik der Freiheit fängt erst an.

Es gibt ein Gesetz im Leben, dass, wenn sich eine Tür schließt, eine andere sich auftut. Wenn aber die Türen, durch die wir im Leben gegangen sind, sich schließen, eine nach der anderen, dann lösen sich die Wände vor unseren Augen auf, in denen die Türen sich gedreht haben. Die Welt wird groß. Das Licht einer anderen Wirklichkeit liegt über ihr, und unser Weg fängt noch einmal an. Wir werden endgültig wissen, dass wir gesegnet waren.

Wenn wir einen Gottesdienst beenden – und ein Gottesdienst ist ja ein Gleichnis für den Weg, den wir Menschen über diese Erde gehen, von Schritt zu Schritt der Liturgie –, dann schließen wir ihn mit einem Segen. Die Worte, die wir dabei gebrauchen, sind uralt. Manchmal scheint mir, ihr Sinn könne sich uns heutigen Menschen nur schwer erschließen. Lassen Sie mich also schließen mit dem sogenannten Segen des Aaron – so, dass ich jeder Zeile ein paar Worte beigebe, die ihren Sinn erschließen wollen. Er lautet:

»Der Herr segne dich und behüte dich.
Der Herr lasse sein Angesicht leuchten über dir
und sei dir gnädig.
Der Herr erhebe sein Angesicht auf dich
und gebe dir Frieden.«

(Numeri 6,24–26)

Der Herr,
der Ursprung und Vollender alles Lebens
segne dich,
er gebe dir Gedeihen und Wachstum,
Gelingen deinen Hoffnungen,
Frucht deiner Mühe.

Und behüte dich
vor allem Argen,
er sei dir Schutz in Gefahr
und Zuflucht in Angst.

Der Herr lasse leuchten sein Angesicht über dir,
wie die Sonne über der Erde

das Erstarrte wärmt und löst
und das Lebendige weckt in allen Dingen,
und sei dir gnädig,
wenn du schuldig bist.
Er löse dich von allem Bösen
und mache dich frei.

Der Herr erhebe sein Angesicht auf dich.
Er schaue dich freundlich an.
Er sehe dein Leid und höre deine Stimme,
er heile und tröste dich,

und gebe dir Frieden,
das Wohl des Leibes,
Wohl und Heil der Seele,
Liebe und Glück
und führe dich an dein Ziel.

Amen.
Das heißt: So will es der lebendige Gott,
so steht es fest nach seinem Willen,
für dich.

PERSÖNLICHE WORTE

Jörg Zink, Dr. theol. (geboren 1922), un-
abhängiger evangelischer Theologe mit
ökumenischer Weite, engagiert in der
Friedens- und Umweltbewegung, an der
Bibel orientierter Schriftsteller für Kinder
und Erwachsene, durch vierzig Jahre
Rundfunk- und Fernsehsprecher, lebt
und arbeitet in Stuttgart.